25 Dutch Reading Comprehensions for Beginners: Book One

Dutch Reading Comprehension Texts

Mikkelsen Dubois

Published by Mikkelsen Dubois, 2023.

25 DUTCH READING COMPREHENSIONS FOR BEGINNERS: BOOK ONE

First edition. April 15, 2023.

ISBN: 979-8215733042

Written by Mikkelsen Dubois.

Table of Contents

Introduction

Reading comprehension is one of the most important skills that language learners need to master, especially when it comes to learning a foreign language like Dutch. It is a crucial component of language learning, and it can be challenging for some students, particularly beginners.

However, there are numerous benefits of incorporating reading comprehension into the Dutch language learning process.

Enhances Vocabulary

Reading comprehension exercises can be an excellent way for Dutch learners to expand their vocabulary. By reading texts, learners are exposed to new words and phrases, which can help them build their vocabulary. Additionally, by encountering these words in context, learners can better understand their meanings and usage, which is a more effective way to learn new words than memorizing them from a list.

Develops Grammar and Sentence Structure

Reading comprehension exercises can also help learners improve their understanding of Dutch grammar and sentence structure.

Through reading texts, learners can see how words and phrases are used in sentences and how they fit together to create meaning. Additionally, by analyzing the structure of sentences, learners can develop a better understanding of how to form sentences correctly in Dutch.

Improves Comprehension Skills

Another significant advantage of using reading comprehension exercises is that it can improve learners' comprehension skills. Reading comprehension exercises require learners to understand the meaning of what they are reading, which can help improve their ability to comprehend spoken Dutch as well. Moreover, the more learners read in Dutch, the more familiar they become with the language, which can improve their overall comprehension.

Provides Cultural Knowledge

Reading comprehension exercises can also provide learners with cultural knowledge, as they often contain information about Dutch culture, history, and society. By reading texts on these topics, learners can gain a deeper understanding of Dutch culture, which can be useful for communicating effectively with Dutch speakers.

In this book, language learners will find a collection of 25 Dutch language comprehension texts with questions and suggested answers.

Language learners will also find tips and strategies to help them improve their reading comprehension skills as well as a step by step guide.

Tips and Strategies for Using Reading Comprehension Exercises

Read Regularly

Reading comprehension exercises should be done regularly to be effective. Consistency is key in language learning, and regular reading can help learners develop their comprehension skills more quickly. Even just a few minutes of reading each day can make a significant difference in learning progress.

Take Notes

Taking notes while reading can be a helpful strategy for learners. Learners can write down new words, phrases, or grammar structures they encounter while reading, along with their meanings and usage. This can help learners remember what they have learned and review it later.

Use a Dictionary

A dictionary can be a valuable tool for learners when doing reading comprehension exercises. Learners can use a dictionary to look up new words and phrases, which can help them better understand the text. Online dictionaries are particularly useful as they often provide audio pronunciations and example sentences.

Use Context Clues

Learners should use context clues to help them understand unfamiliar words or phrases. This involves looking at the surrounding words or sentences to help identify the meaning of the word or phrase.

Analyze the Text

Analyzing the text is a crucial step in developing comprehension skills. Learners should pay attention to the structure of sentences, the use of grammar, and the context in which words are used. Analyzing the text can help learners understand the meaning of the text more deeply and develop their comprehension skills.

Read Aloud

Reading aloud can be a useful technique for learners, particularly when practicing pronunciation. By reading aloud, learners can practice their pronunciation and intonation, which can help them communicate more effectively in Dutch. Additionally, reading aloud can also help learners improve their comprehension skills by forcing them to focus on each word and sentence more closely.

Discuss with Others

Discussing what they have read with others can be a useful way for learners to practice their speaking skills and exchange ideas.

Learners can discuss the content of the text, what they have learned, and their opinions about it. This can help learners develop their speaking skills and gain a deeper understanding of the text.

How to Use This Dutch Reading Comprehension Book

Step 1: Choose the Right Text Level

The first step in doing a Dutch reading comprehension exercise is to choose the right text level. The text should be appropriate for the learner's level and interests. For beginners, texts with simpler vocabulary and shorter sentences are ideal. For more advanced learners, more complex texts can be used.

Mikkelsen Dubois offers Dutch Reading Comprehension Books in three different levels - beginner, intermediate and advanced.

It's also important to choose a text that is interesting to the learner. This can help to keep them engaged and motivated, which is crucial for language learning success. Texts on topics like history, culture, and current events can be particularly engaging for learners.

Every Mikkelsen Dubois Reading Comprehension Book contains texts on a variety of different topics.

Step 2: Read the Text

Once a suitable text has been chosen, the learner should read it carefully. They should focus on understanding the meaning of the text and how the words and phrases are used in sentences. It's also important to pay attention to the structure of the sentences and the use of grammar.

When reading the text, learners should try to read as much as they can without stopping to look up words in a dictionary. This can help to improve their overall comprehension skills and develop their ability to understand the text in context.

Step 3: Analyze the Text

After reading the text, the learner should analyze it to deepen their understanding. This involves paying attention to the structure of the sentences, the use of grammar, and the context in which words are used.

Learners can ask themselves questions about the text to help them analyze it more deeply.

For example, they could ask themselves:

- What is the main idea of the text?

- What is the purpose of the text?

- What is the tone of the text?

- What new words or phrases have I learned from the text?

- What new grammar structures have I learned from the text?

By analyzing the text in this way, learners can develop a more comprehensive understanding of the text and improve their comprehension skills. Making a note of new vocabulary, grammar and sentence structure will help the learner in this analysis and support the learning process.

Step 4: Answer the Questions

The next step in doing a Dutch reading comprehension exercise is to answer the questions. In every Mikkelsen Dubois Dutch Comprehension Book, questions are provided with the text.

These questions are designed to test the learner's understanding of the text and their ability to apply their knowledge of Dutch vocabulary and grammar. Learners should answer the questions as thoroughly and accurately as possible, using their knowledge of Dutch vocabulary and grammar.

Step 5: Check Answers

After answering the questions, the learner should check their answers. This involves reviewing their responses and ensuring that they are accurate and complete.

If the learner has made mistakes, they should try to identify the areas where they need to improve their understanding. This could involve reviewing specific vocabulary or grammar structures or practicing their comprehension skills with more texts.

Step 6: Review and Practice

The final step in doing a Dutch reading comprehension exercise is to review and practice. This involves reviewing the text and the questions and identifying areas for improvement.

Learners should use the reading comprehension exercise as a learning tool to improve their comprehension skills and develop their knowledge of Dutch vocabulary and grammar. By regularly practicing with different types of texts and using strategies like taking notes, analyzing the text, and asking questions, learners can improve their comprehension skills more quickly.

Text One

Read the following Dutch comprehension text carefully.

Then answer the questions using the information provided in the text.

Try to answer in full sentences and pay attention to your spelling and grammar.

Once you have answered all the questions, check your answers with the suggested answers provided at the end of the book.

Chocolade

Chocolade is een heerlijke lekkernij die geliefd is over de hele wereld. Het wordt gemaakt van cacaobonen, die groeien aan cacaobomen in landen als Ghana, Ivoorkust en Ecuador. De bonen worden geplukt, gefermenteerd, gedroogd en geroosterd voordat ze worden gemalen en verwerkt tot chocolade.

Er zijn verschillende soorten chocolade, waaronder melkchocolade, pure chocolade en witte chocolade.

Melkchocolade is de meest populaire en bevat naast cacaobonen ook melkpoeder en suiker. Pure chocolade heeft een hoger cacaogehalte en minder suiker dan melkchocolade, terwijl witte chocolade helemaal geen cacaopoeder bevat en alleen gemaakt is van cacaoboter, suiker en melkpoeder.

Chocolade kan worden gegeten als dessert, maar het wordt ook vaak gebruikt als ingrediënt in gebak en snoep.

Daarnaast zijn er vele variaties van chocolade, zoals chocolade met noten, chocolade met karamel, en chocolade met fruit.

Sommige mensen beweren dat chocolade gezondheidsvoordelen heeft, zoals het verminderen van stress en het verbeteren van de bloedcirculatie.

<u>**Questions**</u>

1. Wat is chocolade gemaakt van?
2. Waar groeien cacaobonen?
3. Hoe worden cacaobonen verwerkt tot chocolade?
4. Welke soorten chocolade bestaan er?
5. Wat is het verschil tussen melkchocolade en pure chocolade?
6. Waar wordt chocolade voor gebruikt?
7. Welke variaties van chocolade bestaan er?
8. Wat zijn enkele gezondheidsvoordelen van chocolade?

<u>**Answers**</u>

1. Chocolade is gemaakt van cacaobonen.
2. Cacaobonen groeien aan cacaobomen in landen zoals Ghana, Ivoorkust en Ecuador.
3. Cacaobonen worden geplukt, gefermenteerd, gedroogd en geroosterd voordat ze worden gemalen en verwerkt tot chocolade.
4. Er zijn verschillende soorten chocolade, waaronder melkchocolade, pure chocolade en witte chocolade.
5. Melkchocolade bevat naast cacaobonen ook melkpoeder en suiker, terwijl pure chocolade een hoger cacaogehalte heeft en minder suiker bevat dan melkchocolade.
6. Chocolade kan worden gegeten als dessert, maar wordt ook vaak gebruikt als ingrediënt in gebak en snoep.
7. Er zijn vele variaties van chocolade, zoals chocolade met noten, chocolade met karamel, en chocolade met fruit.
8. Chocolade kan gezondheidsvoordelen hebben, zoals het verminderen van stress en het verbeteren van de bloedcirculatie.

Text Two

Read the following Dutch comprehension text carefully.

Then answer the questions using the information provided in the text.

Try to answer in full sentences and pay attention to your spelling and grammar.

Once you have answered all the questions, check your answers with the suggested answers provided.

———

Nederland

Nederland is een klein land in Europa dat bekend staat om zijn windmolens, tulpen en kaas. Het heeft ongeveer 17 miljoen inwoners en de hoofdstad is Amsterdam. Het land staat ook bekend om zijn uitgestrekte fietspaden en het gebruik van fietsen als een belangrijk vervoermiddel.

Nederland heeft een lange geschiedenis en was vroeger een belangrijke handelsnatie. Het land is beroemd om zijn bloemen, waaronder tulpen, hyacinten en narcissen, die elk voorjaar in bloei staan. Het land heeft ook veel kaas, waaronder de bekende Gouda en Edammer kaas.

Nederland heeft een gematigd zeeklimaat, wat betekent dat het in de zomer niet te warm en in de winter niet te koud is. Het land heeft veel mooie stranden en er zijn veel activiteiten te doen langs de kust, zoals surfen en zeilen.

**

---

1. Waar staat Nederland om bekend?
2. Hoeveel inwoners heeft Nederland?
3. Wat is de hoofdstad van Nederland?
4. Wat was Nederland vroeger?
5. Welke bloemen zijn beroemd in Nederland?
6. Welke kaassoorten zijn bekend in Nederland?
7. Hoe is het klimaat in Nederland?
8. Welke activiteiten kun je doen langs de kust?

Answers

1. Nederland staat bekend om zijn windmolens, tulpen en kaas.
2. Nederland heeft ongeveer 17 miljoen inwoners.
3. De hoofdstad van Nederland is Amsterdam.
4. Nederland was vroeger een belangrijke handelsnatie.
5. Tulpen, hyacinten en narcissen zijn beroemde bloemen in Nederland.
6. Gouda en Edammer kaas zijn bekende kaassoorten in Nederland.
7. Nederland heeft een gematigd zeeklimaat.
8. Je kunt langs de kust surfen, zeilen en andere activiteiten doen.

Text Three

Read the following Dutch comprehension text carefully.

Then answer the questions using the information provided in the text.

Try to answer in full sentences and pay attention to your spelling and grammar.

Once you have answered all the questions, check your answers with the suggested answers provided.

Fietsen

Fietsen is een belangrijk onderdeel van de Nederlandse cultuur. Het is een populaire en efficiënte manier om van A naar B te komen en het wordt veel gebruikt voor woon-werkverkeer en recreatieve doeleinden.

Nederland heeft een uitgebreid netwerk van fietspaden en er zijn vaak aparte fietsstroken op de weg.

Er zijn ook speciale fietsparkeerplaatsen en fietsenstallingen in steden om de fietsen veilig te houden.

Veel Nederlanders fietsen het hele jaar door, zelfs als het regent of sneeuwt. Het is gebruikelijk om kinderen op de fiets naar school te brengen en veel mensen gebruiken hun fiets voor boodschappen en andere dagelijkse activiteiten.

Fietsen is niet alleen praktisch, het is ook gezond en milieuvriendelijk. Het is een goede manier om fit te blijven en het vermindert de CO_2-uitstoot van auto's en bussen.

<u>**Questions**</u>

1. Wat is een belangrijk onderdeel van de Nederlandse cultuur?
2. Waarvoor wordt fietsen veel gebruikt in Nederland?
3. Heeft Nederland een uitgebreid netwerk van fietspaden?
4. Zijn er speciale voorzieningen voor fietsers in steden?
5. Fietsen veel Nederlanders het hele jaar door?
6. Voor welke dagelijkse activiteiten gebruiken veel mensen hun fiets?
7. Waarom is fietsen gezond en milieuvriendelijk?

<u>**Answers**</u>

1. Fietsen is een belangrijk onderdeel van de Nederlandse cultuur.
2. Fietsen wordt veel gebruikt voor woon-werkverkeer en recreatieve doeleinden.
3. Ja, Nederland heeft een uitgebreid netwerk van fietspaden.
4. Ja, er zijn speciale fietsparkeerplaatsen en fietsenstallingen in steden.
5. Ja, veel Nederlanders fietsen het hele jaar door.
6. Veel mensen gebruiken hun fiets voor boodschappen en andere dagelijkse activiteiten.
7. Fietsen is gezond omdat het een goede manier is om fit te blijven en het is milieuvriendelijk omdat het de CO2-uitstoot van auto's en bussen vermindert.

Text Four

Gouda

Gouda is een stad in Zuid-Holland en is vooral bekend om zijn Goudse kaas. De kaasmarkt in Gouda trekt veel toeristen aan en is een belangrijke bezienswaardigheid van de stad.

Gouda heeft ook veel historische gebouwen, waaronder het Stadhuis en de Sint-Janskerk.

Het Stadhuis is gebouwd in de 15e eeuw en heeft een prachtige gevel met beelden en ornamenten. De Sint-Janskerk is de grootste kerk van Gouda en heeft prachtige glas-in-loodramen.

In de zomer worden er veel evenementen georganiseerd in Gouda, waaronder het Kaasmarkt Festival en de Goudse Kaas- en Ambachtenmarkt. Er zijn ook veel gezellige cafés en restaurants in de stad waar je kunt genieten van een Goudse kaasplankje en andere lekkernijen.

----

1. Wat is Gouda?
2. Waar staat Gouda vooral bekend om?
3. Wat trekt veel toeristen aan in Gouda?
4. Welke historische gebouwen heeft Gouda?
5. Wat is het Stadhuis van Gouda?
6. Wat is de Sint-Janskerk van Gouda?
7. Welke evenementen worden er in de zomer georganiseerd in Gouda?
8. Waar kun je genieten van een Goudse kaasplankje en andere lekkernijen in Gouda?

Answers

----

1. Gouda is een stad in Zuid-Holland.
2. Gouda staat vooral bekend om zijn Goudse kaas.
3. De kaasmarkt in Gouda trekt veel toeristen aan.
4. Gouda heeft historische gebouwen zoals het Stadhuis en de Sint-Janskerk.
5. Het Stadhuis van Gouda is gebouwd in de 15e eeuw en heeft een prachtige gevel met beelden en ornamenten.
6. De Sint-Janskerk is de grootste kerk van Gouda en heeft prachtige glas-in-loodramen.
7. In de zomer worden het Kaasmarkt Festival en de Goudse Kaas- en Ambachtenmarkt georganiseerd.
8. Je kunt genieten van een Goudse kaasplankje en andere lekkernijen in de gezellige cafés en restaurants van Gouda.

Text Five

Pasen

Pasen is een belangrijk feest in Nederland en wordt gevierd tijdens het voorjaar. Het is een christelijk feest ter ere van de opstanding van Jezus Christus uit de dood.

Op eerste paasdag gaan veel mensen naar de kerk en zijn er speciale paasdiensten.

Er worden ook paasbrunches en paasontbijten georganiseerd met familie en vrienden. Traditionele paasgerechten zijn bijvoorbeeld paasstol, eieren en lamsvlees.

Er zijn ook verschillende paasactiviteiten voor kinderen, zoals het zoeken naar paaseieren. Dit gebeurt vaak in de tuin of in een park, waar ouders de eieren verstoppen en kinderen ze moeten zoeken.

Een ander belangrijk onderdeel van Pasen in Nederland is de Paasvuren. Dit zijn grote vuren die in sommige delen van het land worden aangestoken om de winter weg te branden en het voorjaar te verwelkomen.

―――――――

1. Wanneer wordt Pasen gevierd in Nederland?
2. Waarom is Pasen een belangrijk feest in Nederland?
3. Wat gebeurt er op eerste paasdag?
4. Welke traditionele paasgerechten zijn er in Nederland?
5. Welke paasactiviteiten zijn er voor kinderen?
6. Wat zijn de Paasvuren en waarom zijn ze belangrijk?

―――――――

Answers

1. Pasen wordt gevierd tijdens het voorjaar.
2. Pasen is een belangrijk christelijk feest ter ere van de opstanding van Jezus Christus uit de dood.
3. Op eerste paasdag gaan veel mensen naar de kerk en worden er speciale paasdiensten gehouden.
4. Traditionele paasgerechten zijn onder andere paasstol, eieren en lamsvlees.
5. Kinderen kunnen paaseieren zoeken in de tuin of in een park.
6. Paasvuren zijn grote vuren die in sommige delen van het land worden aangestoken om de winter weg te branden en het voorjaar te verwelkomen.

Text Six

Read the following Dutch comprehension text carefully.

Then answer the questions using the information provided in the text.

Try to answer in full sentences and pay attention to your spelling and grammar.

Once you have answered all the questions, check your answers with the suggested answers provided.

De grachten in Nederland

Nederland is beroemd om zijn grachten, vooral in de historische steden zoals Amsterdam, Utrecht en Delft. Deze grachten werden oorspronkelijk gebouwd voor transport, handel en defensie, maar tegenwoordig zijn ze een populaire toeristische attractie en een belangrijk onderdeel van de Nederlandse geschiedenis en cultuur.

De grachten zijn vaak omgeven door mooie huizen, bruggen en historische gebouwen. Er zijn ook veel boten en rondvaarten die langs de grachten varen. In de zomer is het mogelijk om een boot te huren en zelf door de grachten te varen.

De grachten zijn niet alleen mooi, ze hebben ook een praktische functie. Ze dienen als drainage en helpen bij het reguleren van het waterpeil in de steden. In sommige gebieden worden de grachten ook gebruikt voor zwemmen en andere watersportactiviteiten.

<u>**Questions**</u>

1. Waar staat Nederland om bekend?
2. In welke steden zijn de grachten te vinden?
3. Waar werden de grachten oorspronkelijk voor gebouwd?
4. Wat zijn de grachten tegenwoordig?
5. Wat is er te zien langs de grachten?
6. Welke boten varen langs de grachten?
7. Is het mogelijk om zelf door de grachten te varen?
8. Hebben de grachten een praktische functie?

<u>**Answers**</u>

1. Nederland staat bekend om zijn grachten.
2. De grachten zijn te vinden in historische steden zoals Amsterdam, Utrecht en Delft.
3. De grachten werden oorspronkelijk gebouwd voor transport, handel en defensie.
4. Tegenwoordig zijn de grachten een populaire toeristische attractie en een belangrijk onderdeel van de Nederlandse geschiedenis en cultuur.
5. Langs de grachten zijn mooie huizen, bruggen en historische gebouwen te zien.
6. Boten en rondvaarten varen langs de grachten.
7. Ja, in de zomer is het mogelijk om een boot te huren en zelf door de grachten te varen.
8. De grachten dienen als drainage en helpen bij het reguleren van het waterpeil in de steden.

Text Seven

Read the following Dutch comprehension text carefully.

Then answer the questions using the information provided in the text.

Try to answer in full sentences and pay attention to your spelling and grammar.

Once you have answered all the questions, check your answers with the suggested answers provided.

———

Beroemde Nederlandse Schrijvers

De Nederlandse literatuur heeft een rijke geschiedenis en heeft vele beroemde schrijvers voortgebracht. Hier zijn enkele voorbeelden van bekende Nederlandse schrijvers.

Anne Frank: Anne Frank is een van de meest bekende en meest gelezen Nederlandse schrijvers.

Haar dagboek, geschreven tijdens de Tweede Wereldoorlog, is een indrukwekkend verslag van het leven in de onderduik.

Harry Mulisch: Harry Mulisch was een bekende Nederlandse schrijver en essayist. Zijn roman "De Aanslag" won de AKO Literatuurprijs en de Libris Literatuurprijs en is een van de meest bekende romans in Nederland.

Cees Nooteboom: Cees Nooteboom is een van de meest geprezen Nederlandse schrijvers. Hij heeft vele prijzen gewonnen voor zijn werk, waaronder de P.C. Hooft prijs en de Prijs der Nederlandse Letteren.

1. Wie is Anne Frank?
2. Wat is het dagboek van Anne Frank?
3. Welke prijzen heeft Harry Mulisch gewonnen?
4. Wat is de roman "De Aanslag"?
5. Wie is Cees Nooteboom?
6. Welke prijzen heeft Cees Nooteboom gewonnen?

Answers

1. Anne Frank is een beroemde Nederlandse schrijver.
2. Het dagboek van Anne Frank is geschreven tijdens de Tweede Wereldoorlog en geeft een indrukwekkend verslag van het leven in de onderduik.
3. Harry Mulisch heeft onder andere de AKO Literatuurprijs en de Libris Literatuurprijs gewonnen.
4. "De Aanslag" is een roman geschreven door Harry Mulisch en is een van de meest bekende romans in Nederland.
5. Cees Nooteboom is een beroemde Nederlandse schrijver en essayist.
6. Cees Nooteboom heeft onder andere de P.C. Hooft-prijs en de Prijs der Nederlandse Letteren gewonnen.

Text Eight

Read the following Dutch comprehension text carefully.

Then answer the questions using the information provided in the text.

Try to answer in full sentences and pay attention to your spelling and grammar.

Once you have answered all the questions, check your answers with the suggested answers provided.

Nederlandse koningen en koninginnen

Nederland is een koninkrijk en heeft een lange geschiedenis van monarchie. Sinds 1815 heeft Nederland 9 koningen en koninginnen gehad.

Willem I was de eerste koning van Nederland na de onafhankelijkheid van het land in 1815.

Hij werd opgevolgd door zijn zoon, Willem II, die werd opgevolgd door zijn zoon Willem III. Na zijn dood in 1890 had Nederland geen mannelijke erfgenaam meer en kwam de troon in handen van zijn dochter, Wilhelmina. Zij was de eerste koningin van Nederland en regeerde van 1898 tot 1948.

Na Wilhelmina kwam haar dochter, Juliana, op de troon en zij werd opgevolgd door haar dochter, Beatrix. Beatrix regeerde van 1980 tot 2013, toen zij aftrad en de troon overdroeg aan haar zoon, Willem-Alexander.

Willem-Alexander is momenteel de koning van Nederland en zijn vrouw, Maxima, is de koningin. Het Nederlandse koningshuis is populair onder de bevolking en wordt vaak gezien als een symbool van nationale eenheid.

---

1. Is Nederland een koninkrijk?
2. Hoeveel koningen en koninginnen heeft Nederland gehad sinds 1815?
3. Wie was de eerste koning van Nederland?
4. Wie was de eerste koningin van Nederland?
5. Wie is momenteel de koning van Nederland?
6. Wie is de koningin van Nederland?
7. Hoe wordt het Nederlandse koningshuis gezien door de bevolking?

Answers

1. Ja, Nederland is een koninkrijk.
2. Nederland heeft 9 koningen en koninginnen gehad sinds 1815.
3. Willem I was de eerste koning van Nederland.
4. Wilhelmina was de eerste koningin van Nederland.
5. Willem-Alexander is momenteel de koning van Nederland.
6. Maxima is de koningin van Nederland.
7. Het Nederlandse koningshuis wordt gezien als een symbool van nationale eenheid en is populair onder de bevolking.

Text Nine

Read the following Dutch comprehension text carefully.

Then answer the questions using the information provided in the text.

Try to answer in full sentences and pay attention to your spelling and grammar.

Once you have answered all the questions, check your answers with the suggested answers provided.

Koffie

Koffie is een populaire drank in Nederland en wordt vaak gedronken bij het ontbijt en na de lunch. Nederlanders houden van koffie met melk, ook wel bekend als een "koffie verkeerd", en van sterke koffie, zoals een "espresso".

Naast koffiehuizen en cafés, zijn er in Nederland veel kleine koffietentjes en mobiele koffiekarretjes te vinden.

Veel mensen halen hun koffie onderweg naar hun werk of tijdens het winkelen.

In Nederland is er ook een traditie van "koffietijd", een moment waarop vrienden of familie samenkomen voor een kopje koffie en iets lekkers, zoals een koekje of een stukje taart.

.

<u>**Questions**</u>

1. Wat is een populaire drank in Nederland?
2. Wanneer wordt koffie vaak gedronken in Nederland?
3. Wat voor soort koffie houden Nederlanders van?
4. Waar kun je koffie krijgen in Nederland?
5. Halen veel mensen hun koffie onderweg naar hun werk?
6. Wat is "koffietijd"?
7. Wat wordt er vaak gegeten bij "koffietijd"?

<u>**Answers**</u>

1. Koffie is een populaire drank in Nederland.
2. Koffie wordt vaak gedronken bij het ontbijt en na de lunch in Nederland.
3. Nederlanders houden van koffie met melk en van sterke koffie zoals een espresso.
4. Je kunt koffie krijgen in koffiehuizen, cafés, koffietentjes en mobiele koffiekarretjes in Nederland.
5. Ja, veel mensen halen hun koffie onderweg naar hun werk of tijdens het winkelen.
6. "Koffietijd" is een moment waarop vrienden of familie samenkomen voor een kopje koffie en iets lekkers.
7. Bij "koffietijd" wordt er vaak iets lekkers gegeten zoals een koekje of een stukje taart.

Text Ten

Read the following Dutch comprehension text carefully.

Then answer the questions using the information provided in the text.

Try to answer in full sentences and pay attention to your spelling and grammar.

Once you have answered all the questions, check your answers with the suggested answers provided.

Suriname

Suriname is een land gelegen aan de noordkust van Zuid-Amerika. Het heeft een diverse bevolking en culturele achtergrond, waaronder Afro-Surinamers, Hindoestanen, Javanen, Chinezen en inheemse bevolkingsgroepen.

De hoofdstad van Suriname is Paramaribo, en het land heeft een rijke geschiedenis, waaronder de koloniale overheersing door Nederland.

De officiële taal is Nederlands, maar Sranan Tongo, een creoolse taal, wordt ook veel gesproken.

Suriname heeft een tropisch klimaat met een regenseizoen van mei tot en met juli. Het land heeft een diverse flora en fauna, waaronder de beroemde Bigi Pan, een groot meer dat bekend staat om zijn vogel- en dierenleven.

Suriname is ook bekend om zijn keuken, met gerechten die beïnvloed zijn door de verschillende culturele achtergronden. Een bekend gerecht is roti, een platbrood gevuld met aardappelen en groenten, geserveerd met kip of lam.

1. Waar ligt Suriname?
2. Welke bevolkingsgroepen zijn er in Suriname?
3. Wat is de hoofdstad van Suriname?
4. Welke taal wordt er gesproken in Suriname?
5. Hoe is het klimaat in Suriname?
6. Wat is Bigi Pan?
7. Welk gerecht is bekend in de Surinaamse keuken?

Answers

1. Suriname ligt aan de noordkust van Zuid-Amerika.
2. Er zijn verschillende bevolkingsgroepen in Suriname, waaronder Afro-Surinamers, Hindoestanen, Javanen, Chinezen en inheemse bevolkingsgroepen.
3. De hoofdstad van Suriname is Paramaribo.
4. De officiële taal is Nederlands, maar Sranan Tongo wordt ook veel gesproken.
5. Suriname heeft een tropisch klimaat met een regenseizoen van mei tot en met juli.
6. Bigi Pan is een groot meer in Suriname dat bekend staat om zijn vogel- en dierenleven.
7. Roti is een bekend gerecht in de Surinaamse keuken, een platbrood gevuld met aardappelen en groenten, geserveerd met kip of lam.

Text Eleven

Read the following Dutch comprehension text carefully.

Then answer the questions using the information provided in the text.

Try to answer in full sentences and pay attention to your spelling and grammar.

Once you have answered all the questions, check your answers with the suggested answers provided.

Scholen in Nederland

Het schoolsysteem in Nederland bestaat uit basisscholen en middelbare scholen. Basisscholen zijn voor kinderen van 4 tot 12 jaar oud en middelbare scholen zijn voor kinderen van 12 tot 18 jaar oud.

Basisscholen hebben meestal één klas per leeftijdsgroep en kinderen hebben dezelfde leraar gedurende de hele dag.

Ze leren vakken zoals taal, rekenen, geschiedenis, aardrijkskunde en wetenschap. Er wordt ook aandacht besteed aan sociaal-emotionele ontwikkeling en creatieve vakken.

Middelbare scholen hebben verschillende niveaus, afhankelijk van het vermogen en de prestaties van de studenten. Het hoogste niveau, het gymnasium, bereidt studenten voor op de universiteit. Andere niveaus, zoals vmbo en havo, bereiden studenten voor op beroepsopleidingen en hoger onderwijs.

Op middelbare scholen hebben studenten verschillende leraren voor verschillende vakken en hebben ze meer onafhankelijkheid dan op de basisschool.

1. Uit welke twee soorten scholen bestaat het schoolsysteem in Nederland?
2. Voor welke leeftijdsgroep zijn basisscholen?
3. Wat leren kinderen op basisscholen?
4. Hoeveel klassen zijn er meestal per leeftijdsgroep op basisscholen?
5. Wat voor niveaus hebben middelbare scholen?
6. Wat is het hoogste niveau op middelbare scholen?
7. Hoeveel leraren hebben studenten op middelbare scholen?

Answers

1. Het schoolsysteem in Nederland bestaat uit basisscholen en middelbare scholen.
2. Basisscholen zijn voor kinderen van 4 tot 12 jaar oud.
3. Kinderen leren vakken zoals taal, rekenen, geschiedenis, aardrijkskunde en wetenschap.
4. Basisscholen hebben meestal één klas per leeftijdsgroep.
5. Middelbare scholen hebben verschillende niveaus, zoals gymnasium, vmbo en havo.
6. Het hoogste niveau op middelbare scholen is het gymnasium.
7. Studenten hebben verschillende leraren voor verschillende vakken op middelbare scholen.

Text Twelve

De Efteling

De Efteling is een pretpark in Nederland dat bekend staat om zijn sprookjesachtige attracties en magische sfeer. Het park werd geopend in 1952 en is sindsdien uitgegroeid tot een van de populairste attractieparken van Europa.

Het park heeft meer dan 40 attracties, waaronder achtbanen, waterattracties en draaimolens.

Maar de Efteling is vooral bekend om zijn sprookjesachtige attracties, zoals het Sprookjesbos waarin beroemde sprookjes worden uitgebeeld. Het park heeft ook een eigen mascotte, Jokie de Prrretneus, die te vinden is in de attractie Jokie's Avonturen.

Naast de attracties biedt de Efteling ook verschillende restaurants, winkels en accommodaties, waaronder een hotel en vakantiepark.

1. Wat is de Efteling?
2. Waar staat de Efteling om bekend?
3. Wanneer werd de Efteling geopend?
4. Hoeveel attracties heeft de Efteling?
5. Wat is het Sprookjesbos?
6. Wie is de mascotte van de Efteling?
7. Biedt de Efteling ook accommodaties?

Answers

1. De Efteling is een pretpark in Nederland.
2. De Efteling staat bekend om zijn sprookjesachtige attracties en magische sfeer.
3. De Efteling werd geopend in 1952.
4. De Efteling heeft meer dan 40 attracties.
5. Het Sprookjesbos is een attractie waarin beroemde sprookjes worden uitgebeeld.
6. De mascotte van de Efteling is Jokie de Prrretneus.
7. Ja, de Efteling biedt verschillende accommodaties, waaronder een hotel en vakantiepark.

Text Thirteen

Read the following Dutch comprehension text carefully.

Then answer the questions using the information provided in the text.

Try to answer in full sentences and pay attention to your spelling and grammar.

Once you have answered all the questions, check your answers with the suggested answers provided.

Utrecht

Utrecht is een prachtige stad in het hart van Nederland. Het heeft een rijke geschiedenis en biedt veel bezienswaardigheden en activiteiten voor toeristen en inwoners.

Een van de beroemdste attracties van Utrecht is de Domtoren, een iconische toren die uitkijkt over de stad en een belangrijke rol speelde in de geschiedenis van Utrecht. Andere bezienswaardigheden zijn onder meer het Rietveld Schröderhuis, een architectonisch meesterwerk dat op de werelderfgoedlijst van UNESCO staat, en de Oudegracht, een pittoresk kanaal dat door het centrum van de stad loopt en omringd is door winkels, restaurants en bars.

Utrecht is ook een studentenstad en heeft een bruisend nachtleven, met veel cafés en clubs in het centrum van de stad. Het heeft ook veel parken en groene ruimtes, zoals het prachtige Wilhelminapark.

**

1. Waar ligt Utrecht?
2. Wat is de Domtoren?
3. Staat het Rietveld Schröderhuis op de werelderfgoedlijst van UNESCO?
4. Wat is de Oudegracht?
5. Is Utrecht een studentenstad?
6. Wat is er te doen in het nachtleven van Utrecht?
7. Heeft Utrecht veel parken en groene ruimtes?

Answers

1. Utrecht ligt in het hart van Nederland.
2. De Domtoren is een iconische toren die uitkijkt over de stad.
3. Ja, het Rietveld Schröderhuis staat op de werelderfgoedlijst van UNESCO.
4. De Oudegracht is een pittoresk kanaal dat door het centrum van de stad loopt.
5. Ja, Utrecht is een studentenstad.
6. Utrecht heeft een bruisend nachtleven met veel cafés en clubs.
7. Ja, Utrecht heeft veel parken en groene ruimtes, zoals het Wilhelminapark.

Text Fourteen

Read the following Dutch comprehension text carefully.

Then answer the questions using the information provided in the text.

Try to answer in full sentences and pay attention to your spelling and grammar.

Once you have answered all the questions, check your answers with the suggested answers provided.

De schoonheid van tulpen in Nederland

Tulpen zijn misschien wel de meest iconische bloemen van Nederland. Elk voorjaar trekken ze duizenden bezoekers van over de hele wereld naar de beroemde bloemenvelden. Tulpen zijn er in vele kleuren, waaronder rood, geel, oranje, paars en roze. Ze staan bekend om hun lange stengels en bolvormige bloemen.

Tulpen komen oorspronkelijk uit Turkije, maar werden in de 16e eeuw naar Nederland gebracht. Sindsdien is de teelt van tulpen uitgegroeid tot een belangrijke industrie in Nederland en het land is nu een van de grootste producenten van tulpen ter wereld.

Tulpen worden geteeld op grote velden, voornamelijk in de provincie Noord-Holland. Elk jaar worden er miljoenen tulpenbollen geplant, wat leidt tot een prachtige bloemenzee in het voorjaar.

Questions

1. Wat zijn de meest iconische bloemen van Nederland?
2. Wanneer trekken tulpen duizenden bezoekers naar Nederland?
3. In welke kleuren komen tulpen voor?
4. Waar komen tulpen oorspronkelijk vandaan?
5. Hoe groot is de tulpenindustrie in Nederland?
6. Op welke velden worden tulpen geteeld?
7. Wat gebeurt er elk jaar in de lente in Nederland?

Answers

1. Tulpen zijn de meest iconische bloemen van Nederland.
2. Tulpen trekken elk voorjaar duizenden bezoekers naar Nederland.
3. Tulpen komen voor in vele kleuren, waaronder rood, geel, oranje, paars en roze.
4. Tulpen komen oorspronkelijk uit Turkije.
5. De tulpenindustrie in Nederland is een belangrijke industrie en het land is een van de grootste producenten van tulpen ter wereld.
6. Tulpen worden geteeld op grote velden, voornamelijk in de provincie Noord-Holland.
7. Elk jaar wordt er een prachtige bloemenzee gecreëerd in de lente in Nederland.

Text Fifteen

Read the following Dutch comprehension text carefully.

Then answer the questions using the information provided in the text.

Try to answer in full sentences and pay attention to your spelling and grammar.

Once you have answered all the questions, check your answers with the suggested answers provided.

Koningsdag in Nederland

Koningsdag wordt elk jaar gevierd op 27 april in Nederland ter ere van de verjaardag van de koning. Het is een nationale feestdag en wordt gevierd met festiviteiten en evenementen in het hele land.

Op Koningsdag kleedt iedereen zich in het oranje, de nationale kleur van Nederland.

Er zijn optochten, muziekconcerten en sportevenementen. Mensen verkopen hun spullen op de rommelmarkt en er zijn veel activiteiten voor kinderen.

De koninklijke familie bezoekt elk jaar een andere stad in Nederland om deel te nemen aan de festiviteiten. Dit is een hoogtepunt van de dag en veel mensen komen naar de stad om een glimp op te vangen van de koning en zijn familie.

Koningsdag is een dag waarop iedereen samenkomt om te genieten van de feestelijkheden en om de koning te eren.

---

1. Wanneer wordt Koningsdag gevierd in Nederland?
2. Waarom wordt Koningsdag gevierd?
3. Wat is de nationale kleur van Nederland op Koningsdag?
4. Welke festiviteiten en evenementen vinden er plaats tijdens Koningsdag?
5. Wat verkopen mensen op de rommelmarkt?
6. Waar bezoekt de koninklijke familie elk jaar op Koningsdag?
7. Waarom is Koningsdag een belangrijke dag voor Nederlanders?

Answers

1. Koningsdag wordt gevierd op 27 april in Nederland.
2. Koningsdag wordt gevierd ter ere van de verjaardag van de koning.
3. Oranje is de nationale kleur van Nederland op Koningsdag.
4. Er zijn optochten, muziekconcerten en sportevenementen en activiteiten voor kinderen.
5. Mensen verkopen hun spullen op de rommelmarkt.
6. De koninklijke familie bezoekt elk jaar een andere stad in Nederland.
7. Koningsdag is een belangrijke dag voor Nederlanders omdat het een dag is waarop iedereen samenkomt om te genieten van de feestelijkheden en om de koning te eren.

Text Fifteen

Read the following Dutch comprehension text carefully.

Then answer the questions using the information provided in the text.

Try to answer in full sentences and pay attention to your spelling and grammar.

Once you have answered all the questions, check your answers with the suggested answers provided.

Koningsdag in Nederland

Koningsdag wordt elk jaar gevierd op 27 april in Nederland ter ere van de verjaardag van de koning. Het is een nationale feestdag en wordt gevierd met festiviteiten en evenementen in het hele land.

Op Koningsdag kleedt iedereen zich in het oranje, de nationale kleur van Nederland.

Er zijn optochten, muziekconcerten en sportevenementen. Mensen verkopen hun spullen op de rommelmarkt en er zijn veel activiteiten voor kinderen.

De koninklijke familie bezoekt elk jaar een andere stad in Nederland om deel te nemen aan de festiviteiten. Dit is een hoogtepunt van de dag en veel mensen komen naar de stad om een glimp op te vangen van de koning en zijn familie.

Koningsdag is een dag waarop iedereen samenkomt om te genieten van de feestelijkheden en om de koning te eren.

Questions

1. Wanneer wordt Koningsdag gevierd in Nederland?
2. Waarom wordt Koningsdag gevierd?
3. Wat is de nationale kleur van Nederland op Koningsdag?
4. Welke festiviteiten en evenementen vinden er plaats tijdens Koningsdag?
5. Wat verkopen mensen op de rommelmarkt?
6. Waar bezoekt de koninklijke familie elk jaar op Koningsdag?
7. Waarom is Koningsdag een belangrijke dag voor Nederlanders?

Answers

1. Koningsdag wordt gevierd op 27 april in Nederland.
2. Koningsdag wordt gevierd ter ere van de verjaardag van de koning.
3. Oranje is de nationale kleur van Nederland op Koningsdag.
4. Er zijn optochten, muziekconcerten en sportevenementen en activiteiten voor kinderen.
5. Mensen verkopen hun spullen op de rommelmarkt.
6. De koninklijke familie bezoekt elk jaar een andere stad in Nederland.
7. Koningsdag is een belangrijke dag voor Nederlanders omdat het een dag is waarop iedereen samenkomt om te genieten van de feestelijkheden en om de koning te eren.

Text Sixteen

Read the following Dutch comprehension text carefully.

Then answer the questions using the information provided in the text.

Try to answer in full sentences and pay attention to your spelling and grammar.

Once you have answered all the questions, check your answers with the suggested answers provided.

Amsterdam

Amsterdam is de hoofdstad van Nederland en een populaire bestemming voor toeristen van over de hele wereld. De stad staat bekend om zijn grachten, smalle huizen en rijke geschiedenis.

Een van de populairste attracties in Amsterdam is het Rijksmuseum, waar bezoekers kunnen genieten van kunstwerken van beroemde Nederlandse schilders zoals Rembrandt en Vermeer.

Andere populaire musea zijn het Van Gogh Museum en het Anne Frank Huis.

Amsterdam heeft ook een bruisend nachtleven, met veel bars, clubs en coffeeshops waar bezoekers kunnen genieten van drankjes en andere lekkernijen.

Een andere must-see in Amsterdam zijn de grachten, die op de UNESCO Werelderfgoedlijst staan. Bezoekers kunnen genieten van boottochten en wandelingen langs de grachten om de schoonheid van de stad te ervaren.

1. Wat is Amsterdam?
2. Waar staat Amsterdam bekend om?
3. Welk museum is populair in Amsterdam?
4. Welke beroemde Nederlandse schilders hebben werken in het Rijksmuseum?
5. Wat zijn andere populaire musea in Amsterdam?
6. Wat is een must-see in Amsterdam en waarom?

Answers

1. Amsterdam is de hoofdstad van Nederland.
2. Amsterdam staat bekend om zijn grachten, smalle huizen en rijke geschiedenis.
3. Het Rijksmuseum is populair in Amsterdam.
4. Rembrandt en Vermeer hebben werken in het Rijksmuseum.
5. Andere populaire musea zijn het Van Gogh Museum en het Anne Frank Huis.
6. De grachten zijn een must-see in Amsterdam omdat ze op de UNESCO Werelderfgoedlijst staan en bezoekers kunnen genieten van boottochten en wandelingen langs de grachten om de schoonheid van de stad te ervaren.

Text Seventeen

Read the following Dutch comprehension text carefully.

Then answer the questions using the information provided in the text.

Try to answer in full sentences and pay attention to your spelling and grammar.

Once you have answered all the questions, check your answers with the suggested answers provided.

Zwemmen in Nederland

Zwemmen is een populaire activiteit in Nederland, vooral tijdens de zomermaanden wanneer het weer warm is. Er zijn veel zwembaden in Nederland, zowel binnen als buiten, en veel van deze zwembaden hebben glijbanen en andere waterattracties.

Naast zwembaden zijn er ook veel meren en stranden in Nederland waar je kunt zwemmen.

Het is belangrijk om te onthouden dat sommige van deze meren en stranden alleen geschikt zijn om te zwemmen wanneer er toezicht is van een reddingsbrigade. Het is belangrijk om de borden te lezen en de instructies op te volgen om veilig te zwemmen.

In Nederland worden ook veel zwemwedstrijden georganiseerd, waaronder de jaarlijkse Amsterdam City Swim en de Elfstedentocht Zwemtocht, die langs de elf steden van Friesland gaat.

<u>**Questions**</u>

1. Is zwemmen een populaire activiteit in Nederland?
2. Wanneer is zwemmen vooral populair in Nederland?
3. Zijn er veel zwembaden in Nederland?
4. Welke attracties hebben sommige zwembaden in Nederland?
5. Waar kun je nog meer zwemmen in Nederland?
6. Is het belangrijk om de instructies op te volgen als je gaat zwemmen in meren en stranden?
7. Welke zwemwedstrijden worden er georganiseerd in Nederland?

<u>**Answers**</u>

1. Ja, zwemmen is een populaire activiteit in Nederland.
2. Zwemmen is vooral populair in Nederland tijdens de zomermaanden wanneer het weer warm is.
3. Ja, er zijn veel zwembaden in Nederland.
4. Sommige zwembaden in Nederland hebben glijbanen en andere waterattracties.
5. Naast zwembaden kun je ook zwemmen in meren en stranden in Nederland.
6. Ja, het is belangrijk om de instructies op te volgen om veilig te zwemmen in meren en stranden in Nederland.
7. De Amsterdam City Swim en de Elfstedentocht Zwemtocht zijn voorbeelden van zwemwedstrijden die in Nederland worden georganiseerd.

Text Eighteen

Read the following Dutch comprehension text carefully.

Then answer the questions using the information provided in the text.

Try to answer in full sentences and pay attention to your spelling and grammar.

Once you have answered all the questions, check your answers with the suggested answers provided.

Boerderijdieren

Boerderijdieren zijn dieren die op boerderijen worden gehouden voor verschillende doeleinden, zoals melkproductie, vleesproductie en als huisdieren. Enkele voorbeelden van boerderijdieren zijn koeien, varkens, schapen, geiten en kippen.

Koeien zijn een van de meest voorkomende boerderijdieren in Nederland en worden voornamelijk gehouden voor melk- en vleesproductie.

Varkens worden ook veel gehouden voor vleesproductie. Schapen en geiten worden voornamelijk gehouden voor hun melk en wol. Kippen worden voornamelijk gehouden voor hun eieren.

Boerderijdieren zijn belangrijk voor de voedselproductie en het is daarom belangrijk om goed voor ze te zorgen. Ze hebben voldoende voer, water en ruimte nodig om gezond te blijven. Boeren zorgen ervoor dat de dieren regelmatig worden gecontroleerd door een dierenarts en dat hun leefomgeving schoon en veilig is.

<u>**Questions**</u>

1. Wat zijn boerderijdieren?
2. Waar worden koeien voornamelijk voor gehouden op boerderijen?
3. Wat is de belangrijkste reden om varkens te houden op boerderijen?
4. Waarvoor worden schapen en geiten voornamelijk gehouden?
5. Waarvoor worden kippen voornamelijk gehouden?
6. Waarom is het belangrijk om goed voor boerderijdieren te zorgen?
7. Hoe zorgen boeren ervoor dat boerderijdieren gezond blijven?

<u>**Answers**</u>

1. Boerderijdieren zijn dieren die op boerderijen worden gehouden voor verschillende doeleinden.
2. Koeien worden voornamelijk gehouden voor melk- en vleesproductie.
3. Varkens worden voornamelijk gehouden voor vleesproductie.
4. Schapen en geiten worden voornamelijk gehouden voor hun melk en wol.
5. Kippen worden voornamelijk gehouden voor hun eieren.
6. Het is belangrijk om goed voor boerderijdieren te zorgen omdat ze belangrijk zijn voor de voedselproductie.
7. Boeren zorgen ervoor dat de dieren regelmatig worden gecontroleerd door een dierenarts en dat hun leefomgeving schoon en veilig is.

Text Nineteen

Read the following Dutch comprehension text carefully.

Then answer the questions using the information provided in the text.

Try to answer in full sentences and pay attention to your spelling and grammar.

Once you have answered all the questions, check your answers with the suggested answers provided.

Stamppot

Stamppot is een traditioneel Nederlands gerecht dat bestaat uit gestampte aardappelen en groenten. Het wordt vaak gegeten tijdens de koude wintermaanden omdat het lekker warm en voedzaam is.

Er zijn verschillende soorten stamppot, afhankelijk van de groenten die worden gebruikt.

Zo is er bijvoorbeeld boerenkoolstamppot, zuurkoolstamppot en hutspot (wortel- en uienstamppot). Stamppot wordt vaak geserveerd met een rookworst of gehaktbal en jus.

Het maken van stamppot is relatief eenvoudig. De aardappelen en groenten worden gekookt en daarna gestampt met een stamper. Boter en melk worden toegevoegd om het geheel smeuïg te maken. Het is ook mogelijk om kaas of spekjes toe te voegen voor extra smaak.

Stamppot is een populair gerecht in Nederland en wordt vaak gegeten bij gezellige familiebijeenkomsten en tijdens feestdagen zoals Sinterklaas. Het is een heerlijke manier om warm te blijven tijdens de koude wintermaanden.

Questions

---

1. Wat is stamppot?
2. Wanneer wordt stamppot vaak gegeten?
3. Welke groenten worden vaak gebruikt in stamppot?
4. Wat wordt er vaak geserveerd bij stamppot?
5. Hoe wordt stamppot gemaakt?
6. Wat kun je toevoegen voor extra smaak aan stamppot?
7. Wanneer wordt stamppot vaak gegeten in Nederland?

Answers

1. Stamppot is een traditioneel Nederlands gerecht dat bestaat uit gestampte aardappelen en groenten.
2. Stamppot wordt vaak gegeten tijdens de koude wintermaanden.
3. Boerenkool, zuurkool en wortels met uien worden vaak gebruikt in stamppot.
4. Stamppot wordt vaak geserveerd met een rookworst of gehaktbal en jus.
5. De aardappelen en groenten worden gekookt en daarna gestampt met een stamper. Boter en melk worden toegevoegd om het geheel smeuïg te maken.
6. Kaas of spekjes kunnen worden toegevoegd voor extra smaak aan stamppot.
7. Stamppot wordt vaak gegeten bij gezellige familiebijeenkomsten en tijdens feestdagen zoals Sinterklaas.

Text Twenty

Read the following Dutch comprehension text carefully.

Then answer the questions using the information provided in the text.

Try to answer in full sentences and pay attention to your spelling and grammar.

Once you have answered all the questions, check your answers with the suggested answers provided.

Dieren in het Bos

In Nederland zijn er veel verschillende dieren te vinden in de bossen. Eén van de meest voorkomende dieren is het hert. In Nederland zijn er twee soorten herten: het edelhert en het damhert. Het edelhert is het grootste hertensoort in Nederland en kan wel 250 kilo wegen. Het damhert is iets kleiner en weegt gemiddeld zo'n 70 kilo.

Naast herten zijn er ook veel andere dieren te vinden in de Nederlandse bossen. Zo kun je bijvoorbeeld de das, het wilde zwijn en de vos tegenkomen. De das is een nachtdier en leeft voornamelijk in holtes in de grond. Het wilde zwijn is vooral te vinden in de Veluwe en kan wel 150 kilo wegen. De vos is ook een nachtdier en jaagt voornamelijk op kleine dieren zoals muizen en konijnen.

Het is belangrijk om deze dieren met rust te laten en niet te storen in hun leefgebied. Als je geluk hebt kun je ze wel van een afstandje bewonderen in hun natuurlijke omgeving.

<u>**Questions**</u>

1. Welke dieren zijn er te vinden in de Nederlandse bossen?
2. Wat zijn de twee soorten herten in Nederland?
3. Hoeveel kan een edelhert wegen?
4. Welke dieren zijn nachtdieren?

<u>**Answers**</u>

1. In de Nederlandse bossen zijn er veel verschillende dieren te vinden, zoals herten, dassen, wilde zwijnen en vossen.
2. De twee soorten herten in Nederland zijn het edelhert en het damhert.
3. Een edelhert kan wel 250 kilo wegen.
4. De das en de vos zijn nachtdieren.

Text Twenty One

Read the following Dutch comprehension text carefully.

Then answer the questions using the information provided in the text.

Try to answer in full sentences and pay attention to your spelling and grammar.

Once you have answered all the questions, check your answers with the suggested answers provided.

Sinterklaas

Sinterklaas is een belangrijk feest in Nederland en wordt elk jaar op 5 december gevierd. Het feest gaat gepaard met cadeautjes en lekkernijen.

Sinterklaas is een figuur die zijn oorsprong vindt in de katholieke kerk. Hij is de beschermheilige van kinderen en wordt vaak afgebeeld met een mijter, staf en lange witte baard.

Hij komt uit Spanje en reist elk jaar met zijn stoomboot naar Nederland, vergezeld door zijn helpers, de Pieten.

Op de avond van 5 december worden cadeautjes uitgedeeld en lekkernijen gegeten, zoals pepernoten en speculaas. De cadeautjes worden vaak voorafgegaan door een gedicht, waarin de ontvanger wordt geprezen of juist op de hak wordt genomen.

1. Wat wordt er gevierd tijdens Sinterklaas?
2. Wie is Sinterklaas en waar komt hij vandaan?
3. Wie zijn de Pieten?
4. Welke lekkernijen worden gegeten tijdens Sinterklaas?

Answers

1. Tijdens Sinterklaas wordt het geven van cadeautjes en het eten van lekkernijen gevierd.
2. Sinterklaas is een figuur die zijn oorsprong vindt in de katholieke kerk en komt uit Spanje.
3. De Pieten zijn helpers van Sinterklaas die hem vergezellen tijdens zijn reis naar Nederland.
4. Tijdens Sinterklaas worden vaak pepernoten en speculaas gegeten.

Text Twenty Two

Read the following Dutch comprehension text carefully.

Then answer the questions using the information provided in the text.

Try to answer in full sentences and pay attention to your spelling and grammar.

Once you have answered all the questions, check your answers with the suggested answers provided.

Het weer in Nederland

Het weer in Nederland kan erg veranderlijk zijn en het is daarom belangrijk om goed voorbereid te zijn. In de zomer kan het erg warm worden, met temperaturen die kunnen oplopen tot boven de 30 graden Celsius. Het kan dan ook erg druk zijn op de stranden en bij zwembaden.

In de herfst en winter kan het weer soms erg guur zijn, met veel regen en harde wind.

In de winter kan er ook sneeuw vallen, waardoor het soms lastig kan zijn om op de weg te rijden of om te fietsen. Het is dan ook belangrijk om warme kleding te dragen en goede schoenen te hebben.

Het is handig om het weerbericht te checken voordat je op pad gaat. Dit kun je op televisie, op het internet of via een app doen. Zo kun je zien of je een paraplu of een zonnebril nodig hebt.

---

1. Wat voor weer kan het worden in de zomer?
2. Wat voor weer kan het zijn in de herfst en winter?
3. Wat kun je doen om jezelf voor te bereiden op guur weer?
4. Waar kun je het weerbericht checken?
5. Waarom is het belangrijk om het weerbericht te checken voordat je op pad gaat?

Answers

1. In de zomer kan het erg warm worden, met temperaturen boven de 30 graden Celsius.
2. In de herfst en winter kan het guur zijn met veel regen en harde wind. In de winter kan er ook sneeuw vallen.
3. Je kunt warme kleding dragen en goede schoenen hebben.
4. Je kunt het weerbericht checken op televisie, het internet of via een app.
5. Het is belangrijk om het weerbericht te checken zodat je weet welke kleding je moet dragen en of je bijvoorbeeld een paraplu of een zonnebril nodig hebt.

Text Twenty Three

De Nederlandse vlag

De Nederlandse vlag, ook wel bekend als de 'Prinsenvlag', heeft drie horizontale strepen in de kleuren rood, wit en blauw. De kleuren hebben een historische betekenis en staan voor de volgende zaken: rood symboliseert moed, wit staat voor zuiverheid en blauw symboliseert trouw.

De Nederlandse vlag wordt op verschillende momenten gebruikt, zoals op Koningsdag, tijdens de Dodenherdenking en Bevrijdingsdag. Daarnaast wordt de vlag ook vaak gebruikt tijdens sportevenementen waar Nederlandse teams aan deelnemen.

De Nederlandse vlag wordt vaak verward met de Luxemburgse en de Russische vlag, die ook horizontale strepen in dezelfde kleuren hebben. Om dit te voorkomen is het belangrijk om te letten op de volgorde van de kleuren: de Nederlandse vlag heeft de volgorde rood-wit-blauw, terwijl de Luxemburgse en Russische vlag de volgorde rood-wit-blauw hebben.

<u>**Questions**</u>

1. Wat zijn de kleuren van de Nederlandse vlag en wat betekenen ze?
2. Op welke momenten wordt de Nederlandse vlag gebruikt?
3. Welke verwarring kan er ontstaan met andere vlaggen?
4. Hoe kun je de Nederlandse vlag onderscheiden van andere vlaggen?

<u>**Answers**</u>

1. De Nederlandse vlag heeft drie horizontale strepen in de kleuren rood, wit en blauw. Rood symboliseert moed, wit staat voor zuiverheid en blauw symboliseert trouw.
2. De Nederlandse vlag wordt gebruikt op momenten zoals Koningsdag, Dodenherdenking en Bevrijdingsdag, en tijdens sportevenementen waar Nederlandse teams aan deelnemen.
3. De Nederlandse vlag kan verward worden met de Luxemburgse en Russische vlag, die dezelfde kleuren hebben.
4. De Nederlandse vlag heeft de volgorde rood-wit-blauw, terwijl de Luxemburgse en Russische vlag de volgorde rood-wit-blauw hebben. Let daarom op de volgorde van de kleuren om de Nederlandse vlag te onderscheiden van andere vlaggen.

Text Twenty Four

Read the following Dutch comprehension text carefully.

Then answer the questions using the information provided in the text.

Try to answer in full sentences and pay attention to your spelling and grammar.

Once you have answered all the questions, check your answers with the suggested answers provided.

De Atlantische Oceaan

De Atlantische Oceaan is de op één na grootste oceaan ter wereld en is gelegen tussen Noord-Amerika en Zuid-Amerika in het westen en Europa en Afrika in het oosten. De oceaan heeft een oppervlakte van ongeveer 106,4 miljoen vierkante kilometer en een gemiddelde diepte van 3,6 kilometer.

De Atlantische Oceaan heeft een belangrijke rol gespeeld in de geschiedenis van de mensheid. Het was de oceaan waarover de Europeanen naar Amerika reisden in de 15e en 16e eeuw. De oceaan is ook een belangrijke bron van visserij en handel. Veel grote steden in de wereld zijn gelegen aan de Atlantische Oceaan, waaronder New York, Lissabon, en Rio de Janeiro.

De Atlantische Oceaan is ook belangrijk voor het klimaat van de aarde. De oceaan is een grote warmtebron en regelt het klimaat van de aarde door het transport van warmte naar de polen.

<u>**Questions**</u>

1. Waar is de Atlantische Oceaan gelegen?
2. Wat is de oppervlakte van de Atlantische Oceaan?
3. Wat was de rol van de Atlantische Oceaan in de geschiedenis van de mensheid?
4. Waarom is de Atlantische Oceaan belangrijk voor het klimaat van de aarde?

<u>**Answers**</u>

1. De Atlantische Oceaan is gelegen tussen Noord-Amerika en Zuid-Amerika in het westen en Europa en Afrika in het oosten.
2. De Atlantische Oceaan heeft een oppervlakte van ongeveer 106,4 miljoen vierkante kilometer.
3. De Atlantische Oceaan was de oceaan waarover de Europeanen naar Amerika reisden in de 15e en 16e eeuw.
4. De Atlantische Oceaan is belangrijk voor het klimaat van de aarde omdat het warmte naar de polen transporteert.

Text Twenty Five

Read the following Dutch comprehension text carefully.

Then answer the questions using the information provided in the text.

Try to answer in full sentences and pay attention to your spelling and grammar.

Once you have answered all the questions, check your answers with the suggested answers provided.

Bitterballen

Bitterballen zijn een populaire snack uit Nederland en worden vaak geserveerd in bars en restaurants. Het zijn kleine, ronde balletjes gevuld met een mengsel van vleesragout, kruiden en specerijen. De buitenkant is krokant en goudbruin en de binnenkant is zacht en romig.

Bitterballen worden meestal geserveerd met mosterd en zijn een favoriete snack bij een drankje.

Ze zijn ook populair als voorgerecht of als onderdeel van een borrelplank.

Hoewel bitterballen tegenwoordig vaak in restaurants en bars worden geserveerd, is de snack ontstaan in de 19e eeuw als een manier om restjes vlees te gebruiken. Tegenwoordig worden bitterballen meestal gemaakt met rundvlees of kalfsvlees, maar er zijn ook varianten met kip, kaas of zelfs vegetarische vullingen.

1. Wat zijn bitterballen?
2. Wat is de buitenkant van bitterballen?
3. Hoe worden bitterballen meestal geserveerd?
4. Waarom zijn bitterballen ontstaan?

Answers

1. Bitterballen zijn kleine, ronde balletjes gevuld met een mengsel van vleesragout, kruiden en specerijen.
2. De buitenkant van bitterballen is krokant en goudbruin.
3. Bitterballen worden meestal geserveerd met mosterd en zijn een favoriete snack bij een drankje, of als voorgerecht of onderdeel van een borrelplank.
4. Bitterballen zijn ontstaan als een manier om restjes vlees te gebruiken en zijn nu uitgegroeid tot een populaire snack in Nederland.

9 798215 733042